JN495961

계모같은 마누라

지성 · 감성의 메타언어
조선문학시인선 · 219

계모같은 마누라

서봉교 시집

조선문학사

■ 책머리에

저는 자식복이 참 많은 사람입니다
저에게는 큰 딸을 비롯해서 모두 네 명의 아이들이 있습니다
나이 40에 아이가 넷이니 의아해 하시겠지만
아이들은 모두 3살씩 터울이 있고 많게는 11살까지 있습니다
그 중에 예쁘지 않는 녀석은 하나도 없지요

제가 가슴으로 낳은 덜 여문 자식들을
감히 여러분 앞에 활자로 선을 보여 드립니다
제 나름대로 고르고 자르고 했지만
제 나이로 보아 조금 이르지 않은가 싶습니다
제 시심을 한 단계 높인다는 마음으로 결심해 보았습니다
저는 어린 시절부터 40년을 농촌에서 나고 자랐습니다
그 아름다운 시심을 키울 수 있게 해준 제 고향, 그리고 부모님께 감사의 말씀을 드리고 싶습니다
특히 시오리 길을 걸어서 5일장을 다녀오신 어머니는 반드시 단편소설 한 권을 사다 주셨는데 그것이 오늘의 밑거름이 되지 않았나 싶습니다

저는 참 행복한 사람입니다

남들이 가지지 못한 시골에서 나고 자란 아름다운 유년의 추억을 그것도 돈으로도 살 수 없는 것을 가졌으니 말입니다

저는 앞으로도 이런 시를 쓰고 싶습니다

시는 갖추어야 할 것은 갖추고, 소주처럼 누구나 먹기 쉽고, 취하기 쉽고 그리고 금방 깰 수 있고, 다음날 또 먹을 수 있는 詩, 그런 글을 쓰고 싶은 게 제 바램입니다

천둥벌거숭이 같은 사람을 문학의 길로 인도해 주신 박진환 박사님, 손해일 박사님께 깊은 감사의 말씀을 드리고 싶습니다

2007년 仲秋

서 봉 교

서봉교 시집

계모같은 마누라

차례

제2부

가족 그 소중한 이야기

제3부

아픔, 시간의 나이테가 우는 진동소리

제4부
싸리나무의 꿈

제5부
주천장 가는 날

시집 평설

제1부

첫사랑 찾는 네비게이션

그대 · 1

그대 가만히 불러보면
그리움이 다가 선다

그리움은
변신의 마술사

갈기세운 백마가 되기도 하고
백마를 타고 달리며 당기는
큐피트의 화살이 되기도 한다
잘라내도 토막나지 않는
그런가 하면
질긴 동앗줄이 되기도 한다

선과 악의 두 얼굴을 한
인두겁

그리움은
가면 속에 사랑을 사육하고 있다.

그대 · 2

가슴이
시리도록
푸른

네
얼굴이

그리운
날에.

그대 · 3

가만히
솟아나는
갈증 빛 그리움

그
먼 자리

이
황량한 빛

그대
찾아 떠나는
길

그곳

나 여기 있고
당신
반도 끝이니

어이 가리
먼 길을

그대
마지막
손끝에 떨구던
색 젖은

편지.

첫사랑 찾는 네비게이션

사랑에도
유통기한이 있을까
있다면 며칠일까

첫사랑은
잊는 것일까
혹은
잊혀지는 것일까?
아니면 패자의 가슴에 묻는 것일까

나는 오늘도
그 사랑을 잊지 못해서
내 마음속에
네비게이션을 달고

첫 사랑의 이름을
입력하고서
검색을 누르고 싶다

마음이 가는 데로
네비게이션이 가는 데로
몸을 맡기고 싶다

그리고 찾아 나선다

이리저리 헤매다
닿는 곳
종착역

그곳은
언제나 제자리.

광안리 해수욕장에서 · 2

나 당신을 기다리다
해변가
문이 없는 찻집에 앉아 있네

감미로운 음악에
서투른 언어들이
카페들 간판 위로 외롭고

종일 기다려도 오지 않는
그대

멀리
연인들 나룻배는
노를 젓고

모래 빛 하이얀
그리움은
일몰(日沒)하는 태양에
플래시 터뜨리다.

8월의 전투

유혹하는
성욕처럼
스멀거리는 어둠

그
진한 밤
8월의 강가

한
여인의 키스
아주 서투른

붉은
안개 손 놓고
돌아서는 새벽

옷고름 풀어헤친
당신의
통곡.

재회

내가 처음 사랑했던 사람
내가 평생 사랑하는 사람
내가 살면서 사모하는 사람
내가 마음을 기댈 수 있는 사람
내가 지금도 사랑하는 사람

그 사람을 만났다
어제.

앵두

첫사랑이 숙성되면
오래된 그리움이 되고

그리움이 발효(醱酵)되면
불륜이 된다

누가 사랑에다
유통기간을 표기했을까?

해마다 그 시간이 되면
생각은 꽃이 피고

응어리 맺힌 사랑은
이렇게
붉은 열매로 보답하는 것을 .

어느 시인의 낙서

시인도
사랑을 할 수 있을까?

그
것
도

아주
서투른.

태백(太白)의 아침

한 잔의 소주로
아침이 내렸다

내리는 눈(雪)처럼
내딛는 인생

슬픈 첼로의 선율만큼
오래
찾은 도시

그
한 곳
찾은 찻집

옛날의
그대는

거기 없었다.

추억

더듬는

그
것

이
아쉬움

그
자체.

밤꽃

마음속에 피어나는
은밀한 그것

하지(夏至) 지나면
반드시 사정(射精)해야 하는
아픈 고통

동네 처녀부터 아낙까지
흔들리지 못하는 마음
밤 잠 설치게 해 놓고

태양이 창피해
밤에 몰래 피지만

맑은 날 동네 어귀에
흐드러지게 피면
더 아름다운 것을

그 냄새에 나는 죽어.

아카시아

해마다 오월의 밤 공기는
비릿한 밤꽃의 그것보다
진한 향기가 더 코끝을 자극했고

아카시아 향과 함께
자기 마음대로 와서는

내 향기에 너무 취하지 말고
내 가시에 찔리지 마세요 라는
말만 남기고

자기 멋대로 가버린 사람

해마다
아카시아꽃 필 때면
그 사람을 그리워하는 데

초여름 오기 전
떠난 그 사람
아카시아.

첫사랑

깊은 겨울
소죽 끓이는 아궁이 앞에서
단지 속 꽁꽁 언 홍시의 얇은 껍질을
그 뜨거운 불김에
서서히 녹이면서

하나씩
벗겨 먹는 맛

그 맛.

당신이 이 도시에 살았으면 좋겠습니다

가끔은 당신이
나에게 가까운
이 도시에 살았으면 좋겠습니다

당신 생각이 날 때마다
내가 시간이 허락될 때마다
한 시간 이내로 달려 올 수 있는
당신이
이 도시에 살았으면 좋겠습니다

단 십 분을 보더라도
함께 식사 할 시간이 부족하여
눈인사로
홍차를 한 잔 하더라도
마음을 같이 할 수 있는
당신이
이 도시에 살았으면 좋겠습니다

같은 하늘 아래

서로 공간을 달리 하더라도
살아 있다는 것
그 자체만으로 행복하고
늘 감사하며 사랑 할 수 있는
당신이
이 도시에 살았으면 좋겠습니다

가끔은 당신이
나에게 가까운
이 도시에 살았으면 좋겠습니다.

제2부

가족 그 소중한 이야기

계모같은 마누라 · 1

우리 집사람은
꼭 비오는 날에만 CD기에 가서
돈을 찾으러 보낸다

비가 안 오길래 갔더니
돌아오는 길에
엄청 쏟아진다

그래서 엄청 뛰었다
당신을 원망하며

집에 오니 집사람은 웃고 있었다
방을 쓸다 말고 하는 말
방 닦으란다

얼른 거실과 방을 닦았다
아마도 우리 집사람은 계모인가 보다
군대 경험으로 난 가끔
청소며 밥이며 설거지를 한다

처음 해본 결혼이라서
10년 차 넘으면 마누라한테 져야 한다고 믿는다

남들이

믿거나

말거나.

계모같은 마누라 · 2

우리 집사람은
꼭 술 먹고 늦게 자는 날만 일찍 깨운다

이슬에 취해 거실에 쓰러져 자다 기상해보니
새벽 4시 40분
TV를 켜고 박지성 축구를 보고 있는데

5시 20분경
마누라 왈
자기야 아들 우유 타
'네'

후반전이 끝날 무렵 또 한소리 한다
밥 앉혀
쌀을 담궈놨길래
그냥 부으려는데
큰소리로
쌀 씻어
'네'

어제 직원 문병차 가서 먹은 술도
해독이 덜되었는데
새벽의 마누라 투정은
예쁘게만 보인다

하기야
딸 셋에 아들 하나 키우면서
맞벌이 한지가 13년
이젠 져야한다

마지막 남은 후반전 경기의 누스 타임 같은
꿀잠에 마누라가 빠져 있을 때

싱크대에
각개 전투로 널브러진
그릇들을 정렬해야한다

손에는 주부 습진이
걸리거나 말거나.

계모같은 마누라 · 3

우리 집사람은
늘 시인들 모임하는 날만 화를 낸다

어제도 문협일로
밤 12시 40분쯤에 들어갔더니
밥도 남겨 놓지 않았다

매일 남편에게 하는 이야기
시인들 옆구리 터지는 소리한다고

늘 입에 달고 사는 말
원룸을 얻어 나가든지 당신이 나간다고

어제는 큰맘 먹고 이혼 서류를 가져 왔다나
아침에 들이밀기에
군말 없이 인감도장을 찍어주고는
눈에 보이지도 않는 시집을 펼쳐 본다

낼 아침 가정법원에
접수하거나 말거나.

맞벌이 낭군의 소원·1

가끔은 마누라 몰래
사무실에 휴가를 내고서
아침 일찍 출근을 하는 척 하고는

다시 들어오는 집
마누라는 출근을 하고
아이들은 학교로 혹은 유치원으로 간
그 텅빈 아파트

그 널따랗고 허허한 집안을
말끔히 치우고 싶다

아이들 방 정리며
급하게 마치고 간 아침 식사의 뒷자리
그리고 몇개 남은 빨래들
치우다 보면 땀도 날 것이고
어느새
마누라의 마음을 잠시 느껴 볼까나?

그리고
아이들 유치원과 학교에 가서
선생님도 한번 만나보고

마누라가 승용차로 출근하는 길을
카니발로 달려 본다

치악산 밑의 조그마한 근무지
마누라의 일터

이 작은 소원이
한 여름 꿈은 아닐진데

치악산 맞은편으로 넘어가는 하루해는
길기만 하다.

맞벌이 낭군의 소원 · 2

나도
이제는 퇴근을 하면
집에서 기다리는 아내가 해주는 따스한
저녁밥을 먹고 싶다

남편 능력이 부족하여
같이 맞벌이 한지가 13년
아이들이 한 둘이 아니지만
맞벌이는 이제 일상 생활

마누라 야근하는 날이면
남의 손에 맡긴 아들도 데려와야 하고
밀린 설거지며 밥을 하고
아들녀석의 배설물을 씻어야 한다

정수기의 뜨거운 물로
막내 녀석의 이유식을 타노라면
우유병 속에 녹아드는 분유처럼
결혼 후 숨 가쁘게 살아온 내 시간들도

같이 녹아 버리고
정신없이 달려 온
그 삶의 조각들

나도
이제는 퇴근을 하면
집에서 기다리는 아내가 해주는 따스한
저녁밥을 먹고 싶다
아니
이제는 퇴근하는 마누라를 위해
된장국에 따스한 밥을 마련해주고 싶다

오늘처럼 이렇게
일찍 퇴근하는 날은.

맞벌이 낭군의 비애 · 1

퇴근 무렵 업무에 지친 배에
허기가 진다

맞벌이 한지 오래된 사내가 퇴근을 서두른다
마누라 회식이 있는 날이라서
일찍 가서 할 일이 많기에

집에 오니 둘째 딸은 TV를 보고
셋째 딸은 인터넷을 하고
영어 학원 간 큰딸은 귀가 전이다.

아침에 한바탕 육박전을 치른 싱크대에서 밥솥의 밥을 덜고
아이들 줄 뜨거운 밥을 하고
김치를 볶고 된장찌개에
내 속처럼 매운 청양 고추를 썰어 넣고
그렇게 마누라 오기 전에 우리는 저녁을 먹는다

아이들은 더운밥을
나는 아침밥을 개죽 먹듯 몇 숟갈 떠보지만

어릴 때 젖 배를 곯은 사내는 이내
첫날밤 치룬 홀아비처럼 입맛을 잃어버리고는
피우지도 못하는 담배 맛을 연상한다

밖은 집을 찾지 못한 매미들이
우리 딸들처럼 울어댄다

마누라 잠시 없다고 이렇게 썰렁한가

회식하고 돌아오는 마누라 오기 전에 식탁을 치우고는
재활 운동하러 헬스클럽에 가야 한다

땀을 죽을 만큼 흘리고 돌아오는 길에
김밥 하우스에서 3천원짜리 칼국수 한 그릇 하고 싶다
내가 좋아하는 썬 애호박은 없을지라도

신랑이 못난 탓에
맞벌이하는 업으로
이 무슨 청승.

맞벌이 낭군의 비애 · 2

— 여보 미안해

신랑이 잘 난 탓에
당신을 호강 대신
맞벌이 일터로 내 몬지가
벌써 16년

신랑도 바쁜 업무에서
받은 전화
"여보 발령 났어!"
내 마음은 시퍼런 회칼로
가슴살 반 근을 도려낸 듯
잘난 내 입에서는
"여보 미안해"

옮긴 일터에 첫 출근하는
아내가 안쓰러워
몇 번이고 핸드폰으로
괜찮다고 안심시키더니

퇴근 무렵

아 때려치우면 안되냐고
물어 올 때

신랑이 너무 잘나고
아이가 많아서
“여보 미안해”.

외할머니

말일이라 마트도 분주하고
포터로
배달하고 돌아오는데

승강장에
버스 기다리는
할머니

수건 밑으로 날리는
흰 머리카락

13년 전 돌아가신
외할머니 생각에
눈물이
울컥!

돌아오는 주말
가족들 데리고
약주 한 병 사 가지고

산소에 가리라

오늘따라
이렇게
외할머니의 스웨터가
생각나는
까닭은?

외할머니 가시던 날

— 1994년 돌아가신 외할머니 영전에 바칩니다

자기네 피붙이(血族)를 땅속에 묻어 보지 않은 이
어찌 그 슬픔을 알 수 있을까

당신께서 가시던 날
4월의 맑은 하늘은
외할머니 환생(還生)한 것 같은 노랑나비가 날았고

사람이 살면서 그렇게 많이
울어 본 적이 있을까

산천 천하(山川天下)가 떠나가도록
데굴데굴 구르며 울어도
살아나지 못하고 가시는 님

지관의 지휘에 맞춰 하관식이 진행되는데
십이지간 띠
망자(亡者)와 맞지 않는 자 보지 못하고 돌아서고

하관(下棺)을 하는데

관을 덮은 명정(銘旌)위로
첫 삽의 흙이 닿을 때

내 피붙이(血族) 땅속에 뉘우니
내 가슴이 빨려 들어가는 듯
허해진다
미치고 환장할 노릇

발인(發靷)시간에 맞춰
꽃상여 앞에서 명정(銘旌)기 높이 들던 외손자도
그때는 눈앞이 보이지 않더라

제 살점들을 흙 속에 묻고 나서야
저 산의 이름 없는 무덤들도
수많은 지인의 발걸음과 친척들의 피눈물로
이루어진 봉분(封墳)이라는 것을
이제서야 깨달았는데

제 살점을 아직 묻지 않은 자
그 슬픔을 말하지 말라

악몽

밤새 알지도 못하는
세월 속을 헤매다
오래된 미루나무 밑에서
발견한 아내의 주검

어차피 살다가 둘 중 하나는
먼저 죽을 몸
준비를 안 했으니
당황스러울 수밖에

머리 속 떠오르는 생각
아이들 넷 어찌 키우지

깨어 보니 새벽 네시 반

곤히 잠든 마누라
이불을 덮어 주고는
돌아누워 본다

당신 나 보다
오래 살겠네.

막내 여동생 시집가던 날

새벽부터 기름진 냄새가 콧등을 괴롭히고
마당 가득 널브러져 있는 돼지 한 마리
오늘 내 누이 시집가는 날 쓰일 놈

꽉찬 노처녀 데려가 주는 그 고마움에 햇보리쌀
서 말이라도 보태주고 싶건만
아직 멀기만 한 보리 타작이 참으로 야속타

앵두 따다 볼이 터져라
발그레 웃던 그 녀석 연지 곤지 두 볼에
철이 들어 꽉찬 눈물만 하염없다.

꽃행가래 즈려밟고
새 인생 길에 첫발 딛는 내 새끼 출가시킬 때
그 마음이야 하건만

늦은 걸음으로 걷는 결혼 행진곡
오늘처럼 이토록 잘살아 달라고
서운토록 행복하구나
이 오빠는.

처음으로 아들을 맡기기 전날 밤

퇴근 후 원주에
아들 맡길 집을 갔다

인상이 좋아 보인다
주인 아줌마는
아니
그렇게 내가 일부러 보려고 했는 지도 모르지
선택의 여지가 없이
아침부터 맡겨야 한다

돌아오는 길은
내내 그 생각

아주 오래 전
30년의 일들이 떠올랐다

아부지하고 우(牛)시장 가서
어미소와 송아지를 팔고
새로 소 사올 때의 일들이

자꾸 뇌리를 스쳤다

집에까지 걸어오면서
자꾸 우시장쪽을 힐끔거리던
한 소년의 이슬맺히던 얼굴이

그러면서
아픈 마음 한 구석에
시상(詩想)이 떠오른다는 것은

미친 시인 놈(者)은 아닐는지
밤새 보채는 아들을
이제 한 시간 후에는 채비하여서
맡겨야 한다

30년 전
아버지께서
팔아 버린 송아지
그 송아지처럼.

내가 담배를 피우지 않는 이유

해마다 오월의 어린 시절은
큰집 모를 심어주고
저녁 먹으러 큰집 가던 논둑길은
먹 머구리 비단 개구리 요란스레 울어댔고

국방색 전투복 상의를 작업복으로 입은
아버지 등에 업혀갈 때
그 작업복에 스며 나던 구수한 새마을 담배냄새
그 냄새가 아버지 냄새였다

늘 땀이 밴 아버지 작업복에서
나던 그 냄새

고등학교 입학 후
첫 교시 끝난 후 화장실 갔을 때
시멘트 공장 굴뚝 연기처럼
친구들은 청자 담배를 피워 댔다

2교시 시작 무렵
내 주위에는 온통 아버지 냄새가 진동했다
성질나게

신병교육대 6주 훈련 동안
입 담배 몇 모금 빨았을 뿐
그 후
담배는 입에 대지 않았다

그런데도 매일
사람들 옆에만 가면
아버지 냄새가 난다

우라질 .

* 머구리 : 개구리의 옛말.

주차 부부

누가 부부가
아니랄까봐

퇴근길 아파트 단지에
들어서면
마누라 차부터 살피고

넓은 곳
차 댈 곳이 많아도

굳이
집사람 차 옆에
아주 좁게 나란히 대는 것도

사람도 부부지만
승용차도 부부라고
증명하는 것은 아닐까?

내 사랑 카니발과 스포티지.

주말 나의 소원

두뇌가
혹사당한 주말은

좋은 영화 한편 보고 싶다

오래 살아온
집사람과 함께.

문자 메시지

결혼 후 14년 살면서
휴대폰을 소유한지
이제 불과 5년 남짓

그동안 수많은
사람들과 주고받은 문자 메시지

그 안에
마누라와 주고받은 건수는
몇이나 될까

4박 5일 출장간 마누라에게
오랜만에 보내는 문자

자기야 잘 도착했어
마누라 답장 왈
응
이 한마디

늘 시인들 옆구리 터지는 소리한다고 하던
마누라

상쾌한 아침 출근길에
받은 휴대폰 편지 하나

자기야!
이제 그만 살자.

제3부

아픔, 그 시간의 나이테가 우는 진동소리

교통사고 후유증·1

유조차가
내 카니발을 뒤에서 박았을 때
난
이미 죽어 있었어

그렇게도 긴 고통의
동굴 탐험 28개월

세명대학
한방병원 침대에
반나체로
몸을 팔아 버린다

난 욕심도 많아
한 번에 60명의 철침과
사정도 없는 오르가즘을 느껴야 한다

태백산맥을 따라
꽂히는

무수한 남근(男根), 남근들
수치심에 고통은
이미 포기한 지 오래다

수영과 요가
헬스클럽의 재활치료도
다 채우지 못하는 왕성한 성욕

날이 흐리거나
눈, 비 오기 직전에는
발정난 숫 사슴처럼
미쳐 버린다

그래 이미
두 번 죽었어

한 번 더 죽으면
이 발정기(發情期)에서 벗어날 수 있을까?

쓰잘데 없는
척추들의
발기(勃起)
발기(勃起)들.

교통사고 후유증 · 2

이렇게 흐려서 고통스런 날은
차라리 죽고 싶다

죽어서 끝나는 고통이라면
한 3일쯤 죽었다가 다시 깨어나고 싶다

설령 이게 꿈이 아닐지라도
매일 살아야 하는 날들이라면

이젠 벗어나고 싶다

교통사고 후유증 · 3

교통 사고후유증이란
나 죽으면 끝나는 고통!

어차피
혼자서 안고 가는
가족에게
너무 미안한.

교통사고 후유증 · 4

아직도
기침을 할 때
허리를 붙잡고 해야하는

아무도 알아주지 않고
혼자서 즐겨야 하는
이미
사람들 기억 속에
삭제된

고통

아주
슬픈.

교통사고 후유증 · 5

비 오는 날
내 몸은
홍탁 먹고 사흘 뒤에 취한
나그네처럼 맥이 없다

이렇게 아파서
반복적으로 미쳐 버린 지가 4년
그래도
고통 잊고 살만 하더니

피곤하고 궂은 날만 좋다고
꼭
찾아오는 녀석

사람 같으면
싫다고나 할텐데
거부도 못하고
접대해야 하는
불쌍한 신세

내 목숨 끊어지면

그 녀석

떠나 갈텐가

어디 오갈데도

없는

성질 더러운 녀석.

교통사고 후유증 · 6

흐린 날의 근육은
생리하는 여자처럼
마술에 걸려야 한다

내 몸을 내 마음대로
제어하지 못하고
고통을 참을 수 없어
사약 같은 디스크 약을 복용 할 때

약효는 12시간

죽지 못해 살아야 하는 데
그 시간의 멈춤은 언제까지일까?

단 하루를 살더라도
고통 없이 살고 싶다.

교통사고 후유증 · 7

아직도 매일
디스크 약을 복용해야
하루 하루를 연명 할 수 있는

매일 어깨에
쌀 한 가마니를
얹은 듯한 느낌으로
살아야 하는

내 몸이 내 마음대로
통제가 되지 않는

아주 미쳐 버리는
얄궂은 운명.

디스크·1

척추의 고통은 고통이라서
더 고통스럽고

경추는 목 디스크라서
더 아픈데

디스크로 망가진 게
4년

그 놈(者)과 친구했더니

결국
척추를 고치기 위해
투자해야 하는 그 무수한 시간의 파편들
피 같은 돈,그리고 상사들의 눈치

미안함

그게 너였구나.

디스크 · 2

허리 통증이란
내가 살아온 시간들의 나이테가
우는 진동소리

그 보이지 않는 곳
개구리 다리처럼 쭉쭉 뻗은
근육들의 울부짖음

주말 시간은
정형외과에 저당 잡히고
척추와 경추는 유조차에게
가압류 당한지 4년

아! 누가 알 것인가

비만 오려고 하면 이렇게
온 몸은 발정 난 수캐처럼
상사병으로 떨어야 하는 것을.

세명대학 한방병원에서

억울하게
교통사고 당한 후

한방병원에서
늘 알루미늄 침으로
나의 등 짝을 허락한 건 이미 오래 전 일

머리부터 발끝까지
커다란 쇠꼬챙이가 꽂힐 때
침 숫자를 헤아리기도 한 두 번
이제는 아주 포기해 버린다

그래, 나야
교통사고로
두 번 죽은 몸

이제
철침 맞기 위해
그 작은 침대에 옷을 벗고 누우면

나는
한 마리
작은 짐승

차라리
눈을 감고 잠을 청한다

이후
나의 등은 소림사 스님들의 머리처럼
온 몸이 부황으로 시퍼렇게 멍들고
척추를 따라 꽂아지는 금속(金屬)의 느낌이란
시퍼런 회칼로 내 심장을 찌르는 듯한 고통

아무도
아무도 모른다

교통사고 당한지 28개월
사람들의 기억속에서
서서히 잊혀져 갈 무렵

당사자의 고통은 이제부터 시작인 것이다

어차피 죽을 때까지
내가 가지고 가야 할 고통

흐린 날의 후유증은
막걸리 먹고 취한 사람처럼 멍해지고
눈이 침침해 질 때나
경추가 해골(骸骨) 무게를 지탱 못해서 아파 올 때는
자살이 더 행복해

왜 내가
쓸데없는 고통을 겪으며 살아야 할까
난 과실(過失)도 없는데

부주의로
내 차를 뒤에서 추돌(追突)한
그 미친 유조차 때문에.

자각(自覺)

총 동문회 체육 행사에
축구 경기를 하거나
혹은
족구를 해야 할 때

척추(脊椎)의 균형이 맞지 않아
고통을 느끼고
함께 어울리지 못한 아픔에
입이 벌어질 때

그때 알았네

남 보기에 거죽은 멀쩡하지만
교통사고로 망가진 몸을 가진
내가
병신(病身)이라는 것을

평생 축구공을 차지도
받지도 못하는 .

정형외과에서 · 1

나 같은 병신만 오는가
정형외과는

예약을 한 방문도
늘 만원

다리 부러진 사람들
척추를 다친 사람들
목을 가누지 못하는 사람들

교통사고로 마음도 깁스한 사람들
영혼도 같이 고통스러운 사람들

물리치료실 안의
내 목은
개장수의 그것 같은
가죽끈으로 얼굴을 감싸서
위로 잡아당기고

SM실 속 내 허리는
보신탕집 아주머니가
할복 당한 개 한 마리를 가마솥에 뉘우듯
척추를 잡아 빼버리고

그 정형외과에 가면
아픈 마음도 초음파로 찍어서 치료해 주고
고통받는 영혼도
엑스레이에 찍어서 치료 해 준다는
전설을 믿고 싶다

나 같은 병신만 오는가
정형외과엔.

정형외과에서 · 2

주말이면 늘 예약을 하고
방문하는 정형외과

환자의 대기는 두 시간은 기본
5분 진료하고

차라리 그 시간
기다리는 짜증이면
내 몸을 자동차 공업사에 맡기고 싶다

다친 척추는
그 부위만큼 떼어내서
새 부속으로 갈고

아픈 경추는
용접봉으로 잘라내어
새 부품으로 갈아 끼우고

교통사고 후유증 덕분에

몇 년째 곪아 버린 마음은
시커먼 엔진 오일처럼 푹 쏟아 버리고
새 것으로 보충하고

공업사 주인장 처방전이 따로 있나

공임은 기분이니
부속 값만 주셔

털털 웃으면서 진료비를 주고 싶다

어차피
기다려야 하는 시간

붐비는 정형외과에 가면
자동차 공업사로 가고 싶다.

제4부

싸리나무의 꿈

그해 8월의 추억

옛날 내가 아주 어렸을 때
약 30년 전쯤에도 오늘 같은 여름밤이 있었다

집은
아주 허술한 초가집
비가 오면 습이 차서
너무 어설픈 집

그래
그땐 그래도 좋았다
우리는
따스한 사랑이 있었기에

뭐라 딱히 여름에는 먹을게 없었다
요즘처럼 먹을 과일이 없었다
아니 돈이 없었다

해가 지면
밤이 오고

집을 찾지 못한 매미들이
뒷산에서 어설피 울어댈 때

놀이라곤 고작 낚시가 전부였던
그 시절

가끔
그때가 생각나는 것은
무슨 이유일까

싸리나무의 꿈

원주에서 주천 쪽으로
아스팔트 출퇴근길 언덕 위
싸리나무 이파리에 가을이 온다네

여름 내내
그 모진 매연 다 견디고
이제 내 몸은 단풍이 치장하네

이 몸은
늘 한곳에 머물러 있어
저 멀리 어디라도
가고 싶은 곳 다 가고 싶은데
갈 수가 없네

훗날
내 몸 묵 낫에 잘려
노인정 앞마당
눈(雪)을 치우는
싸리비로 다시 태어날지라도

이 가을
상쾌한 아침 안개 마시며
그렇게 머물러 버린다

푸른색
내 꿈은.

숙취

술먹은 다음 날
새벽은 언제나 효과가 온다

교통사고로 다친 허리는
알콜을 해독하려고
아이 낳은 산모처럼
끊어질 듯 더 아프다

밤새도록 잠 설치며
드나들던 화장실도
아침이면 그렇게 평화스러운 것을

죽 국물 후후 불어
몇 모금 마셔 보며
다짐하고 다짐한다

술 끊어야지
헉!
차라리 목숨을 끊지.

1992년 겨울 사격장에서

난생 처음 신교대 잡혀와
짬밥을 먹을 때 부르던 군가는
지금 들어도 소름끼쳐

생전 처음 K-2소총을 잡았을 때
그 설레임도 잠시
사격장 아래서 우리는 눈비 내리는데
힘들게 P.R.I를 했지

100 사로봤 구르고
200 사로봤 구르고
250 사로봤 구르고

진흙탕에 또 구르고 굴러도 끝이 없던 일
좌로 구르고 우로 구르고
머리를 박을 때면
그 고통을 참지 못해
군번줄을 꽉 깨물었지

743439 K-2 내 총번을 외우며
내 총을 가지고
7 사로 들어가
전진 무의탁 자세로 250 타켓을
노려 볼 때

처음 총을 쏜다는
그 아슬아슬한 마음은
그녀와 첫날밤
브레지어 풀던 그 마음인가?

탄창을 결합하고 방아쇠에 손이 닿을 때
나도 모르게
탕!
그래서 내 총은 시집을 갔고
난 이 탄환을 쏘기 위해
한 겨울 눈비 맞으며
젖은 땅에서 이렇게 고생 했나보다

지금도 신병교육대 앞을 지나다가
그 때의
군가소리를 들으면
오금이 저리고 닭살이 돋아

서럽도록 아름다운
30개월의 추억은
푸른 제복과 함께
안녕!

눈 내린 출근 길

중앙선이
겨울 뒤로 숨었다

눈(雪)은
한 자나 되고
그 눈길을 한 시간
달리다 보니

내 눈은
도깨비에게
홀려 버렸다

정신이 든 후
어느새
나는
알래스카를 달리는
에스키모인이 되어 버렸다.

산 두릅

봄이라고
이제 막 삐쳐 올라오는
새순은
포경 수술하기 직전
아홉살 소년의
고추 같다

두릅이
피기 전 모습은.

초가을 시골장

늘 그렇다
초가을 시골장이란!

계절이 바뀌면
노인들이 많이 돌아가시는 데

유독
오늘 장은
노인들이 많이 나오셨다

가는 귀 먹은 할머니
마트 여직원과 500원 갖고 실랑이고
옆의 할아버지는
그냥 너털웃음

다음 장날
저 노인들을 다시 뵐 수 있을까?

날은 점점 추워지는데

인생의 가을도
더 그렇게 깊어만 가고
난전에서
고등어 파는 아줌마의 목소리는
귓전에 맴도는데

잠시
리어카 과일장사에게
홍시나 몇 개 사서
부모님께 다녀와야 겠어

오늘 같이 차가운
초가을 장날에.

엿장수

엽전 꾸러미를 쏟아 붇는 듯한
두꺼운 가윗소리에 묻혀
신작로를 따라 리어카 한 대 올라오면

소년의 입속은
도랑가 미나리 뜯어서 들기름으로 구운
어머니 부침개를 기다리는 아이처럼
벌써 침이 고이고

양은 냄비나 고물 사요
빈병도 좋고 계란도 좋아
엿장수의 고함

밭일 나간 아버지 고무신을
엿과 바꿀 용기는 없어도
큰집 형 누나들이 바꾼 엿을 달라는 배짱은 있었다

소변 보고 손도 안 씻은 엿장수 아저씨
그 시커먼 손으로 떼어주던

호박엿
그 엿이 왜 그리 맛나던지

군것질거리가 귀하던 시절
그래도 단 맛 나는 것이 먹고 싶어서
빈 병이며 고물 잔뜩 모으려고 온 동네를
헤매던 그 시절

오늘따라 이렇게
엿장수 아저씨의 가윗소리가 그리운 것은
아직도
내 혓바닥의 미각은
그 단맛을 기억하고 있는 것은 아닐까?

꽃사슴

약효가 너무 좋아서
기구한 운명
어쩌다 내 인생
이렇게 흘러 사슴이 되었나

죽어서도
내 육신을 가져가지 못하고
모두 주고 가는
불쌍한 고깃덩이

뿔은 뿔대로
피는 녹혈로
살과 뼈는 음식이 되고
보약도 되고
가죽 또한 기부를 해야 한다

심지어
내 남근도 약으로 쓰이고
오르가슴이 없어

사정 못한 정액도
내 것이 아니라네

올해 가을
발정기가 오기도 전에
뿔이 잘려 죽을 몸

어쩌다 내 인생
이렇게 흘러 불쌍한 사슴이 되었나

이 몸 먹을 인간들 돌아보며
길게
아주 길게 울음 울어 본다

끼~이~요!

가을

빛바랜 신(神)
트럼펫 흐느낌의 계절

저녁놀
낙엽이 뒹구는 때
산들은 모두 전염병 든다

울다 지쳐 엎어진
아이 손 떠난 풍선들이
창공을 당기고

꿈의 주검들이
마지막
나래 짓 하는 곳

그 곳은
어디.

겨울 안개

동짓달
영하 4도에 내리는
아침 안개는

이 겨울 눈(雪)의 여신이
내쉬는 깊은 한숨

들이마시고
내쉬는 입김이
살짝 얼었음이라

태풍 매미 · 1

매미가
매미를 몰아 냈다

가지마다
나무마다 관악기가 되어
교향하던 매미의 여름을
태풍 매미가 몰아냈다

풍요로 가득했던
그들은 짓뭉겨 폐허로 둔갑시킨
매미의 폭력 앞엔
매미의 제량이었던 염제(炎帝)도
백기를 들었다

상처뿐인 가을을 앞에 하고
낙원이었던 여름의 그늘을
그리워하고 있다.

태풍 매미·2

태풍이
휩쓸고 간 흔적은

비단
인명이나 수해뿐이 아니다

단풍이 스러지고
가을은 도망가는 데

가을산 자락은
매미가 훑고

단풍은 초록으로
지고있다

예쁜 단풍은 전염병처럼 들어야
제 맛인 것을
초록 단풍을 따라
내 마음도 흩날리고 있다

8월

나무들이 가지마다
퍼렇게 독이 번져있다

산들은
물 한 방울 묻히지 않고도 범람하는
수해(樹海)

말을 당겨 끌고 가며
불을 토해내는
태양은 화마(火魔)

음과 양으로 금 긋고 사는
8월은
연옥(煉獄)임이 분명하다.

제5부

주천장 가는 날

수주 별곡(水周別曲) · 1

— 송골에서

송골*(松)에 봄이 오면
산철쭉은 절로 피고

웅달 밑 도랑 가에
찔레꽃 필 때

짝을 찾는 산 꿩이
보리밭 머리에서
마른기침으로 울다 가는 곳

톡실* 보또랑에
물꼬 터지면
못자리 할 볍씨 담그고

버드나무 가지마다 물이 올라
밤이 그리워
강물을 부르면

여울살에 청꼬네 잡아서
통바구* 보쌈*을 놓으리라.

* 송골 : 영월군 수주면 무릉 3리 지명.
* 톡실 : 영월군 수주면 무릉 3리 지명.
* 퉁바구 : 퉁가리의 강원도 사투리, 메기목 퉁가리과의 민물고기이다. 우리나라의 고유종으로, 생김새가 메기와 비슷하지만 색깔이 노랗고 크기가 작다.
* 보쌈 : 보-쌈(褓-)] 양푼만 한 그릇 바닥에 먹이를 붙이고, 고기가 들어갈 만한 구멍을 낸 보자기로 싸서 물속에 가라앉혀 놓고 물고기를 잡는 일,

출근길의 매복병(埋伏兵)

원주에서
주천으로 출근 길

먹고 살기 위한 사람들이
직장의 전선으로 향하는데

치악휴게소 밑
국도변에 매복해 있는
몰래 카메라

상쾌한 아침 길
오가는 교통의 흐름에

60킬로는 기본 일테지만
20킬로 초과를 잡겠다고
산적 같은 경찰은 카메라의
영점을 맞춘다

기분 좋은 아침 출근길

벌점 15점에 벌금 7만원을
산적처럼 회수하려는 마음이
놀부 같다

7 만원이면 서민의
일주일분 기름 값인 것을

아침 출근 길 기분 더럽네.

초교 동창회

코 흘리던 시절을 뒤로하고, 살아 온 날이 25년
그 세월의 자투리 속에 불알친구의 그리움 남아
모교가 보이는 민박집에 우리를 다시 모이게 했다

육성회비 낼 돈이 없어서 쩔쩔매던 녀석도
집이 너무 멀고 산이 높아 하늘이란 동네 살던 녀석도
아홉 살 한겨울 봇물 끊긴 도랑으로 청수아리 리어카로 나무하던 녀석도
반장만 해도 집은 가난해서 늘 책보만 어깨에 메던 녀석도
아랫골 살면서 늘 등굣길은 뜀박질로 오던 녀석도
명마동 골짜기 햇볕도 덜 드는 동네 살던 녀석도
지질이도 가난해도 아들만 많아 늘 부럽던 녀석도
2학년 때 아부지가 돌아가셔서 힘들게 책보를 메던 녀석도
남의 논밭으로 농사를 짓던 우무실 서씨 아들도

짙은 황사바람 뒤로하고
오랜 세월의 깊이만큼 강물 속의 돌을 일궈
족대로 꺽지 몇 마리 잡고 아직은 얼음이 얼었지만
그래도 강물이 우리를 반겼던 그 모임!

강구항의 일출

해돋이의 꿈이란

첫날밤 치루는
홀아비의 급한 사정(射精)처럼
강구항으로 향하는
도로 위에서
그렇게 떠올라 버렸다

허무한
저 구름 위로 .

장마

여름이 오기 전

늦봄이
반드시 앓고 떠나야 하는
홍역

처방전도 필요없는.

1990년 화천의 가을

화천골
풍산리
가을산 색깔은

초경하는
소녀의
비린
첫
생리 빛이다

갈대

이 가을에는

가끔
강가 모래밭
바람에 흩날리는 그대에게
불을 놓고 싶다

봄부터 가을까지 기다려준
흰머리 휘날리는
당신에게
불을 놓아

따닥따닥 거리는
소리의 내음을
아니
불이 꺼져 피어나는
연기를 맡고 싶다

내 나이 마흔
인생의 여름과 가을이
교차하는 시간

누군가 내 머리에도
불을 놓았으면

다 타고 사그라져

내년 봄 갈대와 함께
다시 돋아나고 싶다.

단구동의 초여름

내 고장 여름은
마누라 승용차
스노우 타이어로부터 온다

일반 타이어로 교체할 시간이 오면
봄은
치악산 자락을 넘어가고

자동차 공업사를 나서려고 하면
당신은 이미
수리비 대신 여름을 주고 갔으니까?

단구동의 초가을

원주의 가을은
출근길
아침 안개부터 온다

관설동에서 금대리까지
앞을 볼 수 없을 때
이미 가을은 온 것이다

벙어리 부부의 행복

정선의 5일장에서 만난
오징어 순대 파는 노점상 부부

입이 벙어리니까
수화로 대화하는 수밖에

웃으면서 낭군에게 보내는 수화는
너무 다정해 보인다

둘째딸이 수화를
가르쳐 준다고 할 때 배워 눌 것을
그들의 대화를 보니 답답하기는 매 일반
그래도 너무
행복해 보여

부디
5일장을 떠도는
장돌뱅이 일지라도
그 행복 하나만 가지면

내일은 여량장을
가리라

밤새
행복을 듬뿍
충전해 가지고

호박꽃이 피기 전

해마다
밭둑에 혼자 피는 꽃

아무도 보아주지 않아도
꽃은 피어야 하고
운이 좋아
된장찌개 재료만 안 된다면

남들이 손가락질하는
그 꽃이 핀다네

강냉이 밭둑에 잠시
처녀로 마실 나왔다가

그만 주인님
디카에 잡히고야 말았다.

몽돌해수욕장에서

그곳에
머물지 않은 사람은
모르지
밤사이 파도의 정사(情事)에
세월이 깎이는 소리를

아주 오랜 시간
맷돌에 갈아 빚어낸 듯한
진주 같은 조약돌

매주 오는 관광객보다
더 짓궂은
파도의 작업에
거절은 못하고

바다 쪽으로 구르며
한 마디 한다

차르르
차르르

주천장* 가는 날

고추 몇 근 머리에 인 엄마 손잡고
시오리 길 오일장 가는 날
푸진 손 발걸음에 들뜬 마음
흙먼지 나는 신작로를 걸으면

두릉 강가의 방앗간 앞에서
중방을 지나 명마동 걸널 때 나룻배 타고
북적북적 한 장터 입구에 오면
서로 고추사려는 장사꾼들의 거간(居間) 질

고추를 팔아야 장을 보지
적당한 정선상회에 팔아 버리고
후텁지근한 장터 한 바퀴 돌면
엄마냄새는 누런 종이 쪼가리에 싸인 고등어 내음

5일 만에 왔으니 살 것도 많겠지만
고무신 몇 켤레 난전(亂廛)에서 고르다 놓아 버리고
왕방울 눈깔사탕 하나면 만족하는 것을
우시장 간 아부지 오기 전에 먼저 집을 향하고

돌아오는 길 구누터에서
사주지도 못할 장난감 사달라고 떼를 쓰던 시절
어린 송아지 사오시던 큰아버지가
데려가서 백 오십 원짜리 자동차를 사주고

어미 떨어진 송아지 뒤를
제방(堤防) 둑 따라 걷던 길
멀리 다래산 산머리는
시멘트회사에서 상고머리로 깎아 버리고

엄마 손 잡고 다니던 비포장 길
이제는 참 오래 되었다

승용차 놓고 어머니랑
걸어서 다시 가고 싶은 주천 5일장.

* 주천장 : 강원도 영월군 주천면의 지명이며 지금도 5일마다 장이 열림.

수주별곡 · 3

새벽녘 뻐꾸기 소리에
들녘이 깨어나고

아침안개는 설귀산 능선으로
마실 가는 시각

아랫마을 무논에서
모찌는 일꾼들의 담배 피우는 소리

종아리 달라붙어 피를 빨던 거머리도
안주인 아침참을 기다리는 아침

아! 또 일년을 심는 구나
내 인생을 심는 구나.

▌시집 평설▐

反動形成, 그 역설의 미학

박 진 환

(문학평론가 · 문학박사)

■ 시집 평설

反動形成, 그 역설의 미학

박 진 환

(문학평론가 · 文學博士)

1. 前提

일찍이 시를 체험으로 규정한 것은 릴케다. 시를 체험으로 본 배경에는 19세기적 관념이나 정서와 같은 유동성의 유희를 극복, 형상으로 빚어냄으로써 사물이나 존재로 고정화하려는 실념철학의 요청과 함께 시간 예술의 한계를 극복하고 공간 예술로의 이동을 요구하는 새로운 시대를 담아내는 容器로서의 시적 역할이 깔려 있다.

시가 체험에서 출발하게 되면 감각적 체험에 의존하게 되고, 감각적 체험에의 의존은 이미지의 미학을 필연화 하게 된다. 그리고 이미지의 미학은 다시 형상화를 필연화 하게 된다. 곧 관념이나 정서와 같은 무형의 것을 형상으로 빚어내 사물이나 존재로 현현내지 재구성해낸다는 뜻인데 이 때문에 시는 곧 이미지라는 극단적인 명명도 사양하지 않았던 것이 사실이다.

여기에서 19C적 정서나 관념은 구시대의 유물로 물러서게 되고, 20C의 시는 이미지와 이미지의 결구력을 통해 형상이나 존재로 현현됨으로써 형상미학에서 시를 출발시켰던 것이 된다.

이로써 보면 체험시학은 시의 혁명이라고도 할 수 있는 새로운 시학이나 시법에서 시를 출발시키게 하는 일대 전환의 출발기점을 마련했던 것으로 볼 수 있게 한다. 그리고 이렇게 해서 출발한 것이 20C 시이고, 그래서 20C 시는 이미지의 미학을 그 본질로 할 수밖에 없었던 것이 된다.

시는 주어진 시대를 구가하는 시대적 반영일 수도 있고, 주어진 삶을 살아가면서 체험하는 체험의 형상화 일 수도 있다. 그런가 하면 주어진 시대나 삶을 넘어서서 새로운 삶으로 이동하거나 이끌어 올려 형상으로 빚어내는 창조적 경로를 통한 언어예술이기도 하다. 그 어느 경우에 해당되건 시인이 한편의 시로 드러내는 것은 생의 발견이자, 이를 형상으로 재구성에 냄으로써 형상미학에 귀결될 수밖에 없게 된다.

서봉교 시인의 시도 예외는 아닌 것 같다. 그의 시편들이 보여주는 생의 진솔한 체험들이 편편 마다 스미고 베어나 그의 생의 단면들을 형상으로 조망해 볼 수 있게 해주고 있기 때문이다.

특히 그의 시는 시인 스스로가 겪은 生體驗의 발상에서 시를 출발시킴으로써 극한적 치열성을 수반하고 있고, 그 때문에 매우 선명한 리얼리티로 각인되고 있음을 볼 수 있다.

5부에 나누어 총 72편의 시를 수록하고 있는 시집의 중심자리에는 2부와 3부가 놓여질 것으로 보이는데 2부와 3부의 시편들이 여타 파트의 시편들에 비해 보다 투명한 삶의 현장성과 치열한 생의 도전성을 잘 드러내 보여주고 있기 때문이다. 그렇다고 해서 여타 부분의 시를 밀쳐두는 것은 아니다. 1부에서의 사랑에서 발상된 정서적 체험이나 4, 5부에서 보여준 가버린 것에 대한 소중한 기억의 간직 같은 것들도 치열성이나 현장성에서는 맛볼 수 없는 밀도 있는 친근성을 체험하게 해주고 있어 값진 시편들이 되어주고 있다.

시를 제시, 서봉교 시인의 시를 들여다보았을 때 그의 시적 본질이나 특성들은 그 본태를 드러낼 것으로 보여진다.

2. 가족의 소중함을 발상으로 한 시편들

서봉교 시인의 시적 본적지는 뭐니뭐니해도 가족을 중심으로 발상된 가족애 적인 것이 될 것으로 여겨진다. 그것은 血統의식이나 가족사적 서사성보다는 부부애에서 체험되는 사랑과 삶과 생존의 치열한 현장성을 발상으로 해서 시를 출발시키고 있기 때문이다. 시를 제시해 본다.

가) 우리 집사람은
　　꼭 술 먹고 늦게 자는 날만 일찍 깨운다

이슬에 취해 거실에 쓰러져 자다 기상해보니
새벽 4시 40분
TV를 켜고 박지성 축구를 보고 있는데

5시 20분경
마누라 왈
자기야 아들 우유 타
'네'

후반전이 끝날 무렵 또 한소리 한다
밥 앉혀
쌀을 담궈놨길래
그냥 부으려는데
큰소리로
쌀 씻어
'네'

시집 「계모같은 마누라·2」의 일부이다. 夫唱婦隨라는 전통적 고정관념이 완전히 깨뜨려지고 있다. 女必從夫라는 남편의 권위는 온데 간데 없고 되레 거꾸로 남편이 아내를 좇는 전혀 새로운 관념을 탄생시키고 있다. 어렵게 해석할 것도 없이 文意 그대로 고분고분 아내의 지시대로 따르는, 말을 만들면 男必從婦라는 새로운 용어를 성립시키고 있는데 주객이 전도되는, 전통맥락의 해석을 거부하고 있다.

예시 부분만이 아니다. 같은 시 5연 '얼른 거실과 방을 닦았다/아마도 우리 집사람은 계모인가 보다/군대 경험으로 난 가끔 청소며 밥이며 설거지를 한다'든지, '어제는 큰맘 먹고 이혼 서류를 가져 왔다나/아침에 들이밀기에/군말 없이 인감

도장을 찍어주고는/눈에 보이지도 않는 시집을 펼쳐 본다' 등에서 볼 수 있듯이 흡사 아내에게 사육 당하거나 아내와의 주종관계를 성립시키고 있다.

李箱의 소설「날개」에서의 경우와 흡사하다고 할까, 어떻든 이런 경우 그것이 왜곡, 날조, 위장, 은폐의 反動形成의 자아방어수단으로서 자의식의 발로이건, 이와는 반대로 의도적으로 자동전달되는 고정관념을 버리고 새로운 관념을 탄생시키고자 하는 낯설게 쓰기 이건, 아무튼 충격적 발상의 신선함은 부정할 수 없을 것 같다.

이러한 경우는 예시만이 아니다.「맞벌이하는 낭군의 소원·1」이란 타이틀의 2편의 시와「맞벌이 낭군의 비애」1, 2에서도 이런 예는 잘 나타나 있다.

가) 남편 능력이 부족하여
같이 맞벌이 한지가 13년
아이들이 한 둘이 아니지만
맞벌이는 이제 일상 생활

마누라 야근하는 날이면
남의 손에 맡긴 아들도 데려와야 하고
밀린 설거지며 밥을 하고
아들녀석의 배설물을 씻어야 한다

나) 집에 오니 둘째 딸은 TV를 보고
셋째 딸은 인터넷을 하고
영어 학원 간 큰딸은 귀가 전이다.

아침에 한바탕 육박전을 치른 싱크대에서 밥솥의 밥을 덜고
아이들 줄 뜨거운 밥을 하고
김치를 볶고 된장찌개에
내 속처럼 매운 청양 고추를 썰어 넣고
그렇게 마누라 오기 전에 우리는 저녁을 먹는다

예시 가는 「맞벌이 낭군의 소원·2」의 2, 3연이고 나)는 「맞벌이 낭군의 비애·1」의 4, 5연이다. 앞의 예시 「계모같은 마누라」 시편과 연계맥락을 고스란히 같이 하고 있다. 맞벌이하는 아내 대신 밥하고 국 끓이고 설거지하며 주부역할을 대행하는 맞벌이 낭군의 소원과 비애가 고스란히 담겨 있다.

그러나 이러한 화자의 진술들은 사실을 왜곡, 날조, 위장, 은폐한 일종의 역설로 봐야 온당할 듯 싶다. 그것은 계모같은 마누라 밑에서 男必從婦해야 하는 낭군의 소원과 비애가 기실 사실이 아닌, 사실로써는 드러낼 수 없는 것을 새로운 사실로 이동, 고정관념을 깨뜨린 곳에서 새로이 탄생시킨 관념으로 받아들여지기 때문이다.

일종의 낯설게 쓰기다. 낯설게 쓰기가 의도적 제작이란 사실은 익히 잘 아는 바이고, 낯설게 씀으로써 자동전달되는 고정관념을 극복, 새로운 관념으로 재구성, 새로움으로 나타나게 하기 위한 의도적 제작이란 점을 잘 알고 있기 때문이다. 이 점에서 서봉교 시인은 낯설게 쓰기를 시법으로 원용, 자신의 시에 실천하고 있다고 할 수 있게 한다.

3. 육신의 고통, 시로 승화시키는 카타르시스

서봉교 시인의 또 하나의 시적 중심자리에 놓을 수 있는 것이 육신의 고통을 시로 승화, 카타르시스함으로써 스스로를 치유하고자 하는 자아방어기전이다.

시집 3부를 장식하고 있는 이러한 시는 그가 당한 교통사고와 그 후유증으로 아파해야 하는 교통사고 후유증과 이를 극복하고자 아픔과 대결하는 치열한 의지지향을 담고 있다.

극한 상황에서의 도피가 아닌 이와 정면으로 대결하면서 이를 시로써 승화시켜 고통에서 벗어내고자 하는 문화적 치유방법이 곧 서봉교 시인의 또 하나의 시적 특질로서 생체험에서 발상, 카타르시스에 도달하게 하는 문화적 수단에 의탁되고 있음을 보여주고 있다. 역시 시를 제시했을 때 이해를 도울 것으로 여겨진다.

가) 날이 흐리거나
눈, 비 오기 직전에는
발정난 수사슴처럼
미쳐 버린다

그래 이미
두 번 죽었어

한 번 더 죽으면
이 발정기(發情期)에서 벗어날 수 있을까?

쓰잘데 없는
척추들의
발기(勃起),
발기들.

나) 이렇게 흐려서 고통스런 날은
차라리 죽고 싶다

죽어서 끝나는 고통이라면
한 3일쯤 죽었다가 다시 깨어나고 싶다

설령 이게 꿈이 아닐지라도
매일 살아야 하는 날들이라면

이젠 벗어나고 싶다

예시 가)는 「교통사고 후유증·1」의 일부이고 나)는 「교통사고 후유증·2」의 전문이다. 두 예시는 공히 밖으로 드러난 文意로 보면 생의 포기를 통한 고통으로부터의 일탈로 보여진다. 그 때문에 아픔의 강도가 어떠하리란 점을 미루어 짐작하게 한다. 그러나 잘 들여다 보면 이 또한 죽음으로부터의 탈출을 감행하고 있다는 것을 알 수 있게 한다. 왜냐하면 아픔으로부터의 일탈을 위해 죽고 싶다는 충동을 토로하는 그 자체 속에는 차라리 죽어버림으로써 아픔에서 해방되기를 희망하는 것과는 달리 살고싶다는 의지지향을 이와는 다른 사실로 위장, 前景化하고, 그 후경에는 아픔으로부터 벗어나는 아픔이 없는 삶을 추구하는 희망이 담겨 있음을 볼 수 있기 때문이다. 그러니까 화자는 아픔 없는 삶을 살고 싶다는 희망을 노래했다는 뜻이 된다.

이것이 곧 왜곡, 날조, 위장, 은폐를 통해 성취하고자 하는 일종의 디펜스 메카니즘으로서의 자기 방어의 수단이고 이를 달리 명명해 反動形成이라고 하는데 서봉교 시인에 있어서의 시는 곧 이러한 반동형상으로서의 자아 구원의 수단이었다고 할 수 있다.

달리 지적하면 인간은 무엇인가를 내면에 감추고 있게 되면 몹시 고통을 느끼기 마련이다. 이를 밖으로 던져버리지 못했기 때문인데 이때 이 고통으로부터 벗어나기 위해서는 밖으로 던져 버려야 한다. 그것이 곧 投射다. 서봉교 시인의 경우도 같은 이치여서 아픔을 던져 버리는 수단으로서의 시를 통한 형상화로 카타르시스함으로써 아픔에서 해방되고 싶어했다는 이치를 성립시킨다는 뜻이다.

이로써 보면 서봉교 시인의 시적 중심의 구심력으로서의 가족 내지 교통사고 후유증은 일종의 反動形成이라고 할 수 있다. 전자의 계모같은 마누라 밑에서 소망했던 '맞벌이 낭군의 소원'이나 '맞벌이 낭군의 비애'는 기실 보다 가정을 행복하게 하기 위해 아내와의 관계를 의도적으로 왜곡, 날조, 위장, 은폐했다는 점에서 反動形成이 가져다 준 역설의 미학이 될 수 있게 된다.

그런가 하면 후자의 경우 교통사고의 후유증이 수반하는 고통과 아픔의 경우도 예외는 아니다. 아픔으로부터 해방되기 위해 죽고 싶다는 것은 기실 살고 싶다는 삶에의 의지지향을 왜곡, 날조, 위장, 은폐한 일종의 디펜스메카니즘이 되어줄 수 있기 때문이다.

이점에서 보면 서봉교 시인의 시는 가정을 지키는데 자칫 수반하기 쉬운 애정의 결핍이 가져다 줄 위기의식과 교통사고 후유증으로 치유되지 않는 고통으로부터 벗어나기 위해 일종의 위장의 진술인 反動形成을 감행한 것이 된다. 물론 이 경우 정신분석학적 해명이 요구되지만 그 보다는 시적 해명으로 대체해야 온당 할 것 같다.

현대시의 시법을 대표하는 낯설게 쓰기는 일종의 왜곡이자 날조이며 은폐이자 위장의 변용의 미학이다. 곧 의도적으로 낯설게 꾸며 쓴다는 뜻인데 그 때문에 시가 역설의 미학이 될 수밖에 없게 된다. 이 점에서 보면 서봉교 시인의 시는 낯설게 쓰기를 차용한 역설의 미학을 자신의 시법으로 차용한 것이 된다.

4. 결어

의도적 제작으로서의 낯설게 쓰기 시법을 자신의 시에 실천한 서봉교 시인의 시는 이쯤에서 대충 밝혀졌다고 본다. 특히 서봉교 시인이 스스로의 생 체험을 형상으로 빚어내어 前景化의 위장으로 재구성해 보여준 것은 그가 시법을 알고 자신의 시를 출발시킨 것이 되고 이 점에서 그는 시류나 타성을 극복, 자신의 시를 정공법의 궤도에 올려놓는데 성공했다고 할 수 있을 것 같다. 이점에서 그는 현대시의 귀한 몫을 담당하고 있다고 할 수 있을 것으로 본다.

•

서봉교 시인은 영월군 수주면 무릉리 출신으로 월간 『조선문학』에 시가 당선되어 문단에 나왔다. 조선문학문인회 이사, 형상21시문학회, 강원문인협회, 영월동강문학회, 한국문인협회 회원이며 원주문인협회 사무차장이다. 시집에 『계모같은 마누라』가 있다.

•

조선문학시인선 • 219

계모같은 마누라

2007년 10월 20일 인쇄
2007년 10월 25일 발행

지은이 / 서봉교
발행인 / 박진환
펴낸곳 / 조선문학사
등록번호 / 1-2733
주소 • 110-092 서울 서대문구 홍제 2동 96-4
대표전화 / 730-2255
팩스 / 723-9373

ISBN 89-91811-63-9 03810

정가 7,000원

* 인지는 저자와 합의 하에 생략.
* 잘못된 책은 서점에서 교환해 드립니다.